海上絲綢之路基本文獻叢書

滇行紀略

〔清〕菊如 録

文物出版社

圖書在版編目（CIP）數據

滇行紀略 / （清）菊如録. -- 北京 : 文物出版社，2023.3
（海上絲綢之路基本文獻叢書）
ISBN 978-7-5010-7920-9

Ⅰ. ①滇… Ⅱ. ①菊… Ⅲ. ①雲南－地方史－史料－清代 Ⅳ. ①K297.4

中國國家版本館CIP數據核字（2023）第026261號

海上絲綢之路基本文獻叢書
滇行紀略

録　　者：〔清〕菊如
策　　劃：盛世博閱（北京）文化有限責任公司

封面設計：鞏榮彪
責任編輯：劉永海
責任印製：王　芳

出版發行：文物出版社
社　　址：北京市東城區東直門内北小街2號樓
郵　　編：100007
網　　址：http://www.wenwu.com
經　　銷：新華書店
印　　刷：河北賽文印刷有限公司
開　　本：787mm×1092mm　1/16
印　　張：11.75
版　　次：2023年3月第1版
印　　次：2023年3月第1次印刷
書　　號：ISBN 978-7-5010-7920-9
定　　價：90.00圓

總緒

海上絲綢之路，一般意義上是指從秦漢至鴉片戰争前中國與世界進行政治、經濟、文化交流的海上通道，主要分爲經由黄海、東海的海路最終抵達日本列島及朝鮮半島的東海航綫和以徐聞、合浦、廣州、泉州爲起點通往東南亞及印度洋地區的南海航綫。

在中國古代文獻中，最早、最詳細記載『海上絲綢之路』航綫的是東漢班固的《漢書·地理志》，詳細記載了西漢黄門譯長率領應募者入海『齎黄金雜繒而往』之事，書中所出現的地理記載與東南亞地區相關，并與實際的地理狀况基本相符。

東漢後，中國進入魏晋南北朝長達三百多年的分裂割據時期，絲路上的交往也走向低谷。這一時期的絲路交往，以法顯的西行最爲著名。法顯作爲從陸路西行到印度，再由海路回國的第一人，根據親身經歷所寫的《佛國記》（又稱《法顯傳》）一書，詳細介紹了古代中亞和印度、巴基斯坦、斯里蘭卡等地的歷史及風土人情，是瞭解和研究海陸絲綢之路的珍貴歷史資料。

隨着隋唐的統一，中國經濟重心的南移，中國與西方交通以海路爲主，海上絲綢之路進入大發展時期。廣州成爲唐朝最大的海外貿易中心，朝廷設立市舶司，專門管理海外貿易。唐代著名的地理學家賈耽（七三〇～八〇五年）的《皇華四達記》記載了從廣州通往阿拉伯地區的海上交通『廣州通海夷道』，詳述了從廣州港出發，經越南、馬來半島、蘇門答臘島至印度、錫蘭，直至波斯灣沿岸各國的航綫及沿途地區的方位、名稱、島礁、山川、民俗等。譯經大師義净西行求法，將沿途見聞寫成著作《大唐西域求法高僧傳》，詳細記載了海上絲綢之路的發展變化，是我們瞭解絲綢之路不可多得的第一手資料。

宋代的造船技術和航海技術顯著提高，指南針廣泛應用於航海，中國商船的遠航能力大大提升。北宋徐兢的《宣和奉使高麗圖經》詳細記述了船舶製造、海洋地理和往來航綫，是研究宋代海外交通史、中朝友好關係史、中朝經濟文化交流史的重要文獻。南宋趙汝适《諸蕃志》記載，南海有五十三個國家和地區與南宋通商貿易，形成了通往日本、高麗、東南亞、印度、波斯、阿拉伯等地的『海上絲綢之路』。宋代爲了加强商貿往來，於北宋神宗元豐三年（一〇八〇年）頒布了中國歷史上第一部海洋貿易管理條例《廣州市舶條法》，并稱爲宋代貿易管理的制度範本。

元朝在經濟上採用重商主義政策，鼓勵海外貿易，中國與世界的聯繫與交往非常頻繁，其中馬可·波羅、伊本·白圖泰等旅行家來到中國，留下了大量的旅行記，記録元代海上絲綢之路的盛况。元代的汪大淵兩次出海，撰寫出《島夷志略》一書，記録了二百多個國名和地名，其中不少首次見於中國著録，涉及的地理範圍東至菲律賓群島，西至非洲。這些都反映了元朝時中西經濟文化交流的豐富内容。

明、清政府先後多次實施海禁政策，海上絲綢之路的貿易逐漸衰落。但是從明永樂三年至明宣德八年的二十八年裏，鄭和率船隊七下西洋，先後到達的國家多達三十多個，在進行經貿交流的同時，也極大地促進了中外文化的交流，這些都詳見於《西洋蕃國志》《星槎勝覽》《瀛涯勝覽》等典籍中。

關於海上絲綢之路的文獻記述，除上述官員、學者、求法或傳教高僧以及旅行者的著作外，自《漢書》之後，歷代正史大都列有《地理志》《四夷傳》《西域傳》《外國傳》《蠻夷傳》《屬國傳》等篇章，加上唐宋以來衆多的典制類文獻、地方史志文獻，集中反映了歷代王朝對於周邊部族、政權以及西方世界的認識，都是關於海上絲綢之路的原始史料性文獻。

海上絲綢之路概念的形成，經歷了一個演變的過程。十九世紀七十年代德國地理學家費迪南・馮・李希霍芬（Ferdinad Von Richthofen，一八三三～一九〇五），在其《中國：親身旅行和研究成果》第三卷中首次把輸出中國絲綢的東西陸路稱爲『絲綢之路』。有『歐洲漢學泰斗』之稱的法國漢學家沙畹（Édouard Chavannes，一八六五～一九一八），在其一九〇三年著作的《西突厥史料》中提出『絲路有海陸兩道』，蘊涵了海上絲綢之路最初提法。迄今發現最早正式提出『海上絲綢之路』一詞的是日本考古學家三杉隆敏，他在一九六七年出版《中國瓷器之旅：探索海上的絲綢之路》中首次使用『海上絲綢之路』一詞；一九七九年三杉隆敏又出版了《海上絲綢之路》一書，其立意和出發點局限在東西方之間的陶瓷貿易與交流史。

二十世紀八十年代以來，在海外交通史研究中，『海上絲綢之路』一詞逐漸成爲中外學術界廣泛接受的概念。根據姚楠等人研究，饒宗頤先生是中國學者中最早提出『海上絲綢之路』的人，他的《海道之絲路與昆侖舶》正式提出『海上絲路』的稱謂。選堂先生評價海上絲綢之路是外交、貿易和文化交流作用的通道。此後，學者馮蔚然在一九七八年編寫的《航運史話》中，也使用了『海上絲綢之路』一詞，此書更多地限於航海活動領域的考察。一九八〇年北京大學陳炎教授提出『海上絲綢之路』研究，并於一九八一年發表《略論海上絲綢之路》一文。他對海上絲綢之路的理解超越以往，且帶有濃厚的愛國主義思想。陳炎教授之後，從事研究海上絲綢之路的學者越來越多，尤其沿海港口城市向聯合國申請海上絲綢之路非物質文化遺産活動，將海上絲綢之路研究推向新高潮。另外，國家把建設『絲綢之路經濟帶』和『二十一世紀海上絲綢之路』作爲對外發展方針，將這一學術課題提升爲國家願景的高度，使海上絲綢之路形成超越學術進入政經層面的熱潮。

與海上絲綢之路學的萬千氣象相對應，海上絲綢之路文獻的整理工作仍顯滯後，遠遠跟不上突飛猛進的研究進展。二〇一八年厦門大學、中山大學等單位聯合發起『海上絲綢之路文獻集成』專案，尚在醖釀當中。我們不揣淺陋，深入調查，廣泛搜集，將有關海上絲綢之路的原始史料文獻和研究文獻，分爲風俗物産、雜史筆記、海防海事、典章檔案等六個類别，彙編成《海上絲綢之路歷史文化叢書》，於二〇二〇年影印出版。此輯面市以來，深受各大圖書館及相關研究者好評。爲讓更多的讀者親近古籍文獻，我們遴選出前編中的菁華，彙編成《海上絲綢之路基本文獻叢書》，以單行本影印出版，以饗讀者，以期爲讀者展現出一幅幅中外經濟文化交流的精美畫卷，爲海上絲綢之路的研究提供歷史借鑒，爲『二十一世紀海上絲綢之路』倡議構想的實踐做好歷史的詮釋和注脚，從而達到『以史爲鑒』『古爲今用』的目的。

凡例

一、本編注重史料的珍稀性，從《海上絲綢之路歷史文化叢書》中遴選出菁華，擬出版數百册單行本。

二、本編所選之文獻，其編纂的年代下限至一九四九年。

三、本編排序無嚴格定式，所選之文獻篇幅以二百餘頁爲宜，以便讀者閱讀使用。

四、本編所選文獻，每種前皆注明版本、著者。

五、本編文獻皆爲影印，原始文本掃描之後經過修復處理，仍存原式，少數文獻由於原始底本欠佳，略有模糊之處，不影響閱讀使用。

六、本編原始底本非一時一地之出版物，原書裝幀、開本多有不同，本書彙編之後，統一爲十六開右翻本。

目録

滇行紀略

滇行紀略

不分卷

〔清〕菊如　録

清道光刻本

鴻雪閒情

滇行紀略

甲辰夏仲菊水自題

滇行紀畧 甲辰夏錄 菊如自題

道光十七年丁酉孟冬月由江右楚南赴

滇省迤南普洱府威遠任覲省

念六未正啓行附義烏金之桂舟至蘭谿

縣時天氣初冷河水遼闊篷窻無事作

字讀詩兼領畧青山紅樹亦甚自得也

惜日為風伯所阻至嚴州轉港後順風
揚帆大暢人意
初三辰初抵蘭谿厲南門恒升店與認堂梅尉
兩兄長昕夕話別杯酒談心計盤桓六
日
留別梅尉長兄疊踏莎行兩闋
雁序聲和鴒原影互衷情正好挑燈訴

撩人争奈是離思，未曾歡聚先愁去。綠水青山，白雲紅樹，今宵酒醒知何處。
相逢已不多時，相思無奈須禁住。别緒千般，離愁萬縷，臨岐翻覺無多語。
椿萱兩地各分承，望雲都莫思量苦。念載論文，千年獻賦，可憐羁縲還如故。
從今萬里隔雲山，前程各自期無誤。

留别趙月楂世叔

苔岑重晤又將離，話舊情深感不支。本以文章通世好，况兼詩酒訂心知。相逢争奈爲期促，小叔翻添後日思。從此懷人千萬里，不堪春樹暮雲時。

二

初九巳正啓行附義烏朱星林舟至常山縣過龍游縣後岸皦山過水亦平濶初十過衢州府府城面河有浮橋一座過後則河勢紆曲水淺灘多距常山雖只一站甚費牽挽之力十一亥刻泊三里灘離城三里船到時即有行户來迎并

代剥行李至寓

十二卯刻步進小東門至周三十行恰與恒升客葉慎翁益豐客汪侶翁同寓因同到縣署城隍廟一遊城隍廟甚宏敞邑令莊公于是日試武童又到南門較塲一觀考者不過卅餘人

三

十三卯刻乘筍輿過山見一路肩夫往来絡繹于道如蟻緣附而行因嘆利之驅人固無不踴躍爭先也

聞前十數年路被小車推壞極難行旋修旋圯後邑令劉公先嚴禁小車再勸捐重修復康莊大道商旅咸歌頌之并立生祠于東津橋側

劉公在邑頗多政績後以調簾竟溺斃于富春江

四十里草萍街头是地有巡司驛防前五里為屏風關後五里為曹會關均依山築城乃江浙分界之所

头時與粤東張君祥鑑遇同到吳彩興店小飯一見情殷如舊相識再廿五里為太平橋輿夫必息肩小憩店中少婦扶

轎笑迎如不飲茶店主即冷言相諷且有怒容以色招人而又以勢欺人狡矣又十五里玉山縣行家均在西門街常玉過山亦猶錢淅過塘行李但照明件數初不煩親自一一搬擋也予寓祝華封行（行主祝君福生）晤恒升客姚鳳翁頗蒙照

拂因同至街上步月上關鷹武廟看灯戲

十四傕舸子船赴省又名四艙大小官板及會昌等舡最好價亦極昂船與歙浦駁船相仿而頭尾較高光澤亦過之後為官艙中為爨所前即伊等眠食之處也惜没遮攔耳午

五

刻啓行方欲領畧雲山披閲書史漸覺頭岑岑然口酸作嘔遂擁衾静臥泊後挑灯起坐作字讀詩依然故我也始知舟小且輕未免為揺擺所累船户陳發祖鉛山縣人操舟者三人

江西一路土酒有紅白二種紅者色濃味甜名曰伏酒白者色清味淡名曰冬

酒每斤約廿餘文兩冲殊覺合味

十五早辰過廣信府亦有浮橋一座申初泊河口鎮官埠頭步至益豐號候瑞章燦亭兩宗長薄暮回船忽聞鄰舟相喚推篷一望又與張君祥鑑遇即邀入艙一談意外相逢更增款洽湏到伊舟小坐蒙

示自鈔曲譜及日記紀游詩極工緻詩
亦清新惜南東異路不得約伴同行為
悵然久之談至戌末歸舟
張歸韶臺行三番禺籍本科順天副榜
議敘雲南提舉司職人極倜儻一見便
覺殷殷情觸于中偶成四韻留贈
丰裁一見便縈思俛偉山村邂逅時此
會本從無意得論交却似久心知邏窓
重晤還愁別萍水相逢轉恨遲可惜雲

山難共棹未能暢讀紀游詩

十六将晚過弋陽縣沿途石山最多時聞鑿聲丁丁然

十七早辰過貴溪縣夜泊石港塘有關巡查私鹽蓋此處已食淮鹽每斤較浙鹽貴數十文是夜孤舟泊石港塘二更後

尚聞岸上巡視四圍小舟夜来月明如畫後稍最好眺覽舟子云黄巢曾于此札營今有一井尚存兵書寶劔如有人取則雷電轟然

晚行

孤舟摇櫓趁殘暉一望平蕪敞四圍回首鄉關何處是蒼茫惟見白雲飛

十八早辰過安仁縣將晚過龍津驛人烟頗稠夜泊壩口沿途漁舟極多網大數丈每下一網則四舟相聯

十九午時到瑞洪距湖口廿里舟子云渡湖恐晚因泊舟卡邊有武官駐防屬饒州府餘干縣登岸一遊魚美且多價亦極廉

将晚船唇小立見張君祥鑑舟亦到遂
命移船共泊登舟攀談因将留贈詩送
閲極蒙褒許并承酬七古一章
廿巳刻至官塘口渡鄱陽湖秋高水落湖
心悉露沙洲但見風帆遠横天末固不
見烟波萬頃也吳梅村詩云遠帆看似

定信然渡湖後逆流而行夜泊赤寨潭塘

相傳此地土比省城較重故省城有四十八衛署此城地廟宇如之

念一午刻到江西省即附小官板船至盧溪其船共五艙中三艙為官座裝潢頗雅後為爨所船戶黄千毛盧陵縣人未

九

刻登岸進章江門至撫藩署萬壽宫一
遊宫供許旌君貨物擁之多亦如吳之
元妙觀出廣潤門登王滕閣閣臨江背
城極其高聳想春水生時憑眺更佳中
堂屏鐫王子安序翁方綱書壁名題甚
夥惜僅匆匆一覧薄暮回舟

滕王高閣聳江隈作記交推王子才不
是好風爭得到至今人尚説時来
軽舟暫泊豫章城高閣登臨感慨生帝
子流風才子筆文章勲業兩闌情
玉山至省西流八百里河道漸流漸寬亦
猶徽河之會歸于浙江也
江西所用洋蚨色黑而毛鄉之聲如銅錢
念二泊义市鎮有巡司居民亦稠日来天

色晴明頗有春意

念三泊豐城縣二王廟前進西門一遊

和桐城張君靜齋韻

鄉情原養碧雲天此夕蓬窗對榻眠尚

冀一帆風力送大家齊作地行仙

念四申刻泊樟樹鎮是地爲藥材聚會之

所街市頗熱鬧臨江府分防通判駐此

明王文成公誓師于此

豐城道中

輕棹發豫章，兩岸平沙敞，遠樹辨微茫，長天看浩蕩，目隨飛鳥盡，心逐浮雲往，回首新安江，青山勞夢想。

念五未刻過臨江府殊蕭索夜泊灘頭一路灘不高而水甚溜日行僅五六十里

聞是日冬節偶得兩絕

忽聞佳節今朝是寂寞蓬窗感此身一樣光陰添弱線輸他繡閣度針人

年〻至日都嫌短今日舟中轉覺長惆

十一

悵離家已一月雲山萬里尚茫〻

念六晚泊羅坊有浮橋一座奉新縣巡司

駐此

舟中無事繙閱唐詩因將得意之句集

為掛帖得五言二聯曰青山澹吾慮白

日懸高名　怠情學草木把酒話桑麻

得七言一聯曰繞郭烟嵐新雨後小欄

花韻午晴初　他如心與白雲閒步草

閉閑門　天生我才必有用　腹中貯

書一萬卷好事家藏萬卷書皆超脱
兩瀟洒者也尚無強對

念七申刻到新喻縣臨河有塔亦有浮橋
泊南門埠進雲津門至縣衙學署一遊

念八過袁家渡後兩岸青山一灣緑水大
似故鄉風景未免有情誰能遣此夜泊
曹家渡距分宜五里

十二

分宜下流十數里兩山相夾河中亂石峋嶙水深而溜舟至此必焚香而過想水大時更難行到袁家渡時即見左右兩高山頂聳出尖石如塔問之舟云人是嚴坟想亦齊東之語

念九辰刻過萬歲橋橋十一洞相傳造自嚴奸舟泊城下因進城一遊城南有閣臨河額曰譙閣又有嶽峙淵渟額二十

里至昌山塘過浮橋南岸有聖母廟行
旅無不瞻拜因亦展誠晉謁廟不甚大
亦無碑誌考聯額所載似即 天后宮
將晚孤舟泊潭灘
是日灘多非水碓即水車亦如橄河界口以内夜舟人諄属謹慎因挑灯抄詞
十首
許鶴沙滇行紀程云過辰陽船溪驛見

農家取水灌田巧而且逸分宜溪邊即有之其法于溪之急流處築石成灘乃設竹車兩圍製如水碓之車大可二丈用竹筒傳于車上每筒相距兩三尺其筒向內一面截口受水輪旋而上升則筒中滿水已至車頂筒口向下水即下傾岸上設一高架劖大竹橫受之如屋中橫梘接受簷水者然再節節相引入田雖遠可到檄河多灘似可倣而為之

過分宜八十里地名下埠岸傍一峯高聳

羣山環抱殊秀麗查類腋所載知山名仙臺下埠想下界之訛

臘月朔未刻至袁州府泊袁山門外進城至總兵署前薙髮半月餘未梳髮梳時殊暢因知起居日用樂事頗多習則為常耳又至府縣兩城隍廟遊登東城雉堞一望至府縣兩署

十四

及昌黎書院遊出秀江門過橋學署前

眺覽片刻薄暮回舟往還計十數里城

中已遊大半矣

秀江門外有石橋七洞未至府里餘有塔

峙於河畔如筆尖然

兩城隍廟均居城東偏縣廟十殿聯帖頗

佳惜匆匆未記記府廟一聯云莫糊塗磕了頭去須仔細摸着心來

縣署大門外聯云願百姓孝弟力田各安爾分有一語講張爲幻莫入吾門極覺自然

昌黎書院即漢之宜春臺故址居城中央小山上供昌黎伯院旁一寺額曰第

一峯對河左右兩山拱照眺覽最佳唐人詩云泰山大小斐螺並秀水東西一帶橫實景也

初二孤舟泊馬蘭灘距西村五里是日灘高且多如運河石閘然每上一灘必推挽半時均是水車所築必五六舟沿途聯帮而行方易為力

山色頗有秀媚峯巒

初三巳刻泊張家坊船家将各客行李起剥又将風帆桅板等物寄存只一空船進前云水大亦難行午刻啓行沿途水淺灘多沙洲擁塞舟行甚費人力爲上岸步行数里至宣風塘坐候薄暮登舟即泊

初四河勢更覺紆廻水不盈尺宛如陸地

十六

行舟申末至蘆溪廣賀啟堂行行主賀君啟祖
薄暮步至橋頭街上一遊有木橋二座
均額曰宗濂萍鄉巡司駐此
初五乘圍轎過山十二里斗岡鋪八里高
岡鋪息肩恰遇大雨一陣又三十里萍
鄉縣路殊崎嶇沿途茶肆亦是女伎當

壚但落落大方不似玉山道中之慇勤欵接也

東門外有石橋五洞行家均居橋邊廣賀啟泰行行主賀君輝茂申刻進城至縣署遊恰值邑令王公試武童因至西門外較場一觀考者百五十人闈童文有一千四五百人回時恰由城隍廟學署考棚等處過

十七

至文華堂購別裁詩暮薄回行

初六僱小麻陽船一隻赴常其船與小盧鳥船相彷而裝潢過之共三艙有門遮攔操舟者三人食即後稍眠則船頭但高不容身為局促耳予居前艙頗可讀書作字眺覽亦佳船戶　滕永龍　麻陽人

辰刻進城一遊巳刻登舟檢點行李午後復到建和館小飲半晌
初七泊湘東片時船户上岸取風帆桅杆等物以來時寄存一路灘高且多亦如袁州道中夜泊善人橋
舟行摇擺殊難作字日來天陰稍有冷意來船上灘用盤車

十八

下灘

叟槳刻山溪蕩漾河之渙忽聞灘聲来軒然大波起扁舟隨水瀉掀舞疾如駛蕭蕭怒濤飛宛似風過耳既下復回旋山轉蓬窓東篙師齊用力轉瞬已数里較彼上灘舟難易真倍蓰嗟哉天下事進退都如此

萍醴交界處云是昭王得萍實之所

初八申刻泊醴陵縣橋邊石垛六洞上則用巨木排附而

成鋪以平板登岸一遊亦頗熱鬧又行十里
泊
初九泊唐山口日来東壮逆風微雨
初十巳刻至淥口鎮入大河醴陵巡司駐
此過此後則波平水濶岸敞山遥舟亦
棹頭而行前此以尾為頭防水溜也夜

十九

行卅里二更時泊湘潭縣帆檣林立想亦一大都會惜不得一遊

夜行

淡月朦朧照孤舟趁夜行遠空凝岸波
近鋪見灯明水與天同色波因櫓有聲
今宵何處泊驛鼓已三更
忽聞人語響知已到湘城桅密千檣合
潭深萬象清人家看隱約灯火漸分明
小艇頻来往高呼賣酒聲

十一點燈時泊長沙府是日河道更寬烟波蕩漾大似富春江景惜爲風伯所窘不得立船唇暢覽

十二風阻未行辰刻進小西門一遊人烟稠密市肆整齊而富庶則遠不逮江浙到坡子街祝融殿遊殿不甚大而雕梁

廿

刻棟極細緻正殿聯云尊五偉以光昭
赤帝福三湘而丕應回風著異靈佑蒼
拱極呈祥道隆
生
濯錦坊賈太傅故宅在太平街今為貨
物攤所居僅存舊額門外徘徊不勝惆
悵到蕙泉室飲茶沿河閑望見大西門
對岸樓閣參差圍以紅墻未識是何名

勝午後回舟風雨交加窻中又為頭蓬所掩陰晦如夜默坐一無所事復進城由坡子街至紅牌樓臬司署遊又至祝融殿閱福華小班演走雪一齣神情頗肖薄暮回舟

長沙阻雨

長沙自古棲遲地今日飄零過此州風

雨無端留客住瀟湘何事滯人遊定王
臺古空餘跡賈傅祠荒祇益愁惆悵征
帆終日泊蒼茫惟見水東流

十三上天同雲似有雪意西北大逆風河
中浪高尺許寂守蓬窓倍形蕭瑟

十四風浪不少息勉行數里即泊舟小且
輕簸揚不已使人作惡終日

阻風賦憶秦娥一闋

風波惡江山寂寂愁搖落（愁搖落）無情湘浦滯

人飄泊　篷窗耐盡閒蕭索還將往事

思量着思量着有人凝淚挑灯寒閣

十五風浪依然悶悶午後坐划舟登岸一

遊知地名山砂磯距省十里有洞庭宮

亦有小店數家田畔閒行半晌

十六風軟波平行百廿里黃昏時泊林子

口湘陰分縣駐此臨河有門額曰鎮江
舟人于三更時即起開行進小河上水
云大河即至漢口九江等處

夜月明如畫有感于中偶成四韻
蒼茫萬里渺雲烟水静沙明月滿天照
影透憐三地羈辭家已見兩回圓况逢
短景催流歲再覩清輝又隔年白髮青
春同易老傷心不為客愁牽

十七瓦雀溪入大河下水申刻過沅江縣
無城距縣南壯里餘各有浮圖由縣壯
入小河初更泊舟沙岸舟人云自此赴
常均逆流而行矣
長沙以壯水勢平衍岐流甚多遠望亦極
曠濶

廿三

十八過黄泥天心兩湖水落洲露如在天河中行將晚泊沙岸云地名昌舖距常百廿里

十九東北風緯帆互用夜泊定恩苑

二十未刻至常德府泊筆架形以城上女墻有三尖如筆架然大小麻陽泊此登岸到大

河街上薙髪將晚回舟即附大麻陽布
船至鎭遠船户舒家貴麻陽人操舟者
七人
念一早辰檢點行李過船予居中艙覺寬
而且穩殊妥帖惜窻槅低小不便暢覽
耳巳刻至木馬頭咸昌行候　誦山王

廿四

君同進東門遵城隍廟遊相傳神為淅紹興餘姚人姓朱名顯元己丑進士曾任本府太守清廉公慎殁即為神

廟前有勅書樓其正殿一聯頗闗合有情雪逞風威白占田國能幾日田雲從雨勢黑漫天地不多時

府署大堂前有沼并亭相傳官是缺者每每緣事削職因創建以制風水今即

為升鈌矣人遂以升官名之又至江南新安兩會館一遊出南門額曰寶耀祥雯復回行餠晤吳江君在中松原薄暮登舟

常為京省入滇黔者水陸必由之户故舟車輧轃貨物聚集官游賈客亦多於此寓家焉

廿五

念二天曉啟行將晚泊山脚山上有塔舟
子云地名堯花塔距縣十里
念三早辰過堯源縣東有漳江閣西有川
上亭城隍廟亦面河又行數十里見山
巔一亭問之舟人云是堯源洞後山距
洞三里夜泊白石鋪

念四早辰過穿石石峙立河畔高十餘丈上有廟中有洞洞廣約丈餘前後通如穿故名過此後則重巒叠嶂應接不暇綠樹陰濃宛如夏景亦漸聞流水有聲夜泊界首

念五行數十里時見河畔一峯高聳形如

鐘鏞絶頂重閣翼然傍一山相並下聯
而上斷山腰駕石梁一洞以便登臨左
右山盡瞻顧依廻亦一勝景也舟人云
是瀰月岩又十餘里進清浪灘河中怪
石嶙峋水深而溜遠望如在石罅中行
然玲瓏剔透亦復耐人顧盼云是灘有

四十里之遥夜泊王爺廟前

念六過清浪灘後潭深水静舟亦蕩槳而

行約數十里又覺灘聲聒人耳矣舟人

云四十里灘三十里潭即此夜泊朱家

溪

念七東北順風惜爲灘阻僅行五十里夜

廿七

泊山脚舟人云是洲急塘

念八早辰泊辰州對河有塔登岸進文昌

門一遊城上即魁星閣出下南門登舟

風順水平舟行如駛計八十里夜泊小

龍潭

念九午後過仙人房見懸崖水際石昝壁

立其最高石罅中尚存屋形數架不知始於何時又何從出入俗以仙人房呼之稍側有船長八尺許横石洞中俗稱仙人所留沉香船也

許鶴沙東還紀程云從軍西蜀時見攻洞者洞口在懸崖上廣下削無策可登乃製小船繫以巨索從崖頂縋而下與洞相對乃破之以爲此船非當年建屋

廿八

之船即後来破屋之船然計洞中高廣所容不過十人且在絶壁之上何昔人不憚攀援而居此又相傳鼎革時民人避兵之所意當時有後洞可通今或梗塞未可知也

洞左右形如駿臥馬馬首昂然凸出左右有兩小洞為目神情逼肖昔時鄉人相驚謂馬食禾遂擊破其口令馬口駁落

過半

浦市人烟稠密鷄犬相聞辰州通判駐此

市口有重閣臨河薄暮到泊高坪街埠

未至浦市數里村名舊蔡人家不多而山

川環繞東有亭閣西有浮屠頗似休邑

水村風景

除日午刻開船行廿五里即泊地名小湫灣山巔有塔岸有鐵敞冶鑄火光照耀終宵

有懷

光陰又是一年周飄泊依然萬里游已覺坐望雲分兩地那堪除日滯孤舟鄉情不共殘年減佳節翻教逐水流料得家中今夕宴停杯還囑別離愁觸

五溪風物暫徘徊且歡屠蘇快舉杯書

春有情千里共雲山相對一樽開不愁
短景今將盡無限韶光後即来幾日繁
華漸萬彙欣欣都是向榮回

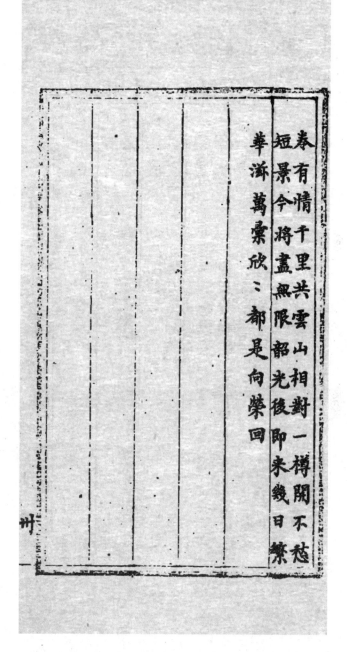

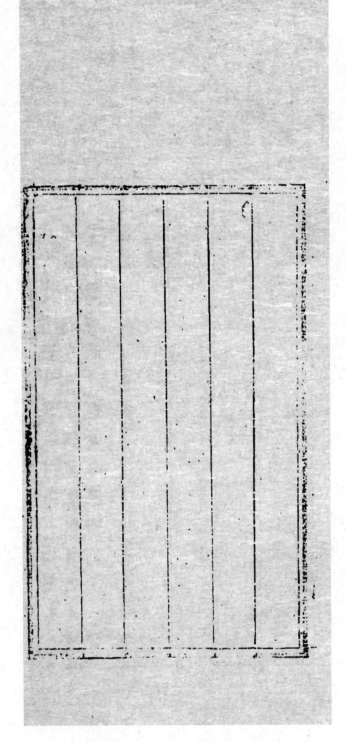

戊戌年元旦巳刻吉行五里過辰谿縣又行十里泊地名大洑潭閒步至辰谿進南門學署前一遊額曰宮墻萬仞薄暮回舟辰谿對河有石峯壁立水際山腰有亭

初二風和日麗頗有春意夜泊懸崖下過

溆浦港口五里

初三早辰過辰谿灘石多水淺宛行巖河界内晚泊赤龍灣距桐灣十餘里登岸一遊山川環繞村景頗佳田中菜花已放數枝夜村人以龍燈鼓吹而来并有童男女二人連袂盤旋高歌俚曲各船

俱以爆竹迎送
看道旁村男女打秋千半時其製于門前隙地竪一架中懸兩木木頭傳以横板人坐其上揺擺以為戲亦可兩人相並旋者縱而上升直與架齊并覺婦女居多
初四雲霧瀰漫終朝細雨如絲夜泊冒渡塘

初五早辰過黄獅滾洞灘灘峻石水急下水船稍不戒觸石即破夜泊沙灣

自録詞選小序

驛路三千勞人遠涉關河萬里快我壯遊倚櫂披吟錦纜牙檣之作憑窓眺覽白雲紅樹之村第以久坐蓬舟未免漸形蕭瑟者山則經句意索誦詩亦百回厭生旅況無聊鄉愁易觸迺于豫章書肆購得清倚軒詞選曼聲細轉逸興遄飛文以言情但覺纏綿巳甚巧不傷雅

非徒綺靡為工于是敲壺擊缽藏寫在心因而研墨調朱借書于手此日對雲山而染翰鈔就芙蓉楊柳之篇他時藉檀板以循聲知是鴻爪雪泥之迹爰訂一卷用紀數言

初六午刻至洪江泊萬壽宮前到南薰太平等街一遊

洪江乃常德鎮遠適中之地五方雜處人

三

烟稠密賈舶俱為歩憇并辦買梔纜口
糧等物會同懸縣巡司駐此
閩徽人在此業油者數家業木行者甚
多有徽州會館　鎮遠行家直接到此
初七以起駁貨物來行上岸閒遊并登村
後山眺覽半時
道旁梅花盛開油菜心亦上市

是地有天后宫　大佛寺　神農宫
太平宫伏波廟　飛山宫　文昌宫
忠烈宫　司署在太平街

初八申刻過黔陽縣東有重閣掩映于叢
樹之中西有芙蓉樓即唐詩人王昌齡
送辛漸處也由城外西灶轉港其南河
云至廣西夜泊荒岸距縣七八里

四

初九未刻過高利灘石高浪猛合數舟人力始得牽挽而上夜泊足站

丙年春移種紅梅一株次年花枝爍然今想更爛漫矣詩以憶之

宮游蕭索艷陽辰客裏逢春不當春料得窗前梅一樹開時還憶種花人

初十風阻勉行十里至中方塘即泊啓行以来是日最為寒冷

書自録詞選後

余鈍于質披閲書籍一日不能一行而筆性之鈍較讀性記性為尤甚舟行揺撼又苦不得静終日操筆僅三四百字今至洪江已得録成一帙愈知長途寂寞非此不足以為篷窓消遣也賦滿江紅兩闋附書于後

遠溯滇陽憑一葦乘風破浪經歷過洞庭彭蠡豪情跌宕九十光陰雲水共八千里路關河壯把楚南江右古山川都遊訪　瀟湘岸平沙敵辰沅水輕波漾快撃楫中流駕風而上萬叠雲山供坐

臥千重烟樹隨游蕩儘消閒更有一船
書晨昏向
振藻搴芳手一卷蘭臺標格况對着一
溪烟景一窓山色殘月曉風楊柳岸斜
陽古渡蒹葭側試憑窓低拍雨零鈴詩
如畫　供吟嘯宮商律借消遣朱黃筆儘
扁舟客與不曾心急學寫銀鈎聊繾倦
重吹玉遂還追憶想閒情搖拽櫓聲中
書成帙

十一風雨阻未行

十二雪阻午後坐划舟登岸一遊進潘氏
祠看戲祠主潘老殷勤欵接頗盡地主
之情因攀談半時
十三薄暮泊藤蘊灘脚是地亦有龍灯鼓
吹而来如家鄉軗龍燈
未至榆樹灣一里岸傍有天生石橋一洞

六

俗以仙人橋呼之對岸有雞公石自洪
江折而東北行過此復向西南計安江
至榆樹灣水路二百二十里旱路僅六
十里耳
十四將晚泊七里橋
十五巳刻至沅州府泊半時

江西橋十四洞又名龍橋上鋪大板列肆貿易中央有亭每洞基上亦構木為屋予到時河右四洞適燬於火已成斷橋矣進西門過萬壽宮鐘鼓樓俗傳樓下有洞深不可測即西遊所稱無底洞處今樓上尚供大士以鎮之出東門相距僅里餘耳

對河廟宇頗多惜匆〻未游河畔有鐵牛
半埋沙中
由洪江至沅州四站四圍稍寬濶過此後
又復山廻水繞矣灘亦倍峻
是日行四十里薄暮泊關東夜月明如晝
十六將到便水驛河畔有塔夜泊荒岸舟

人云滿天星灘脚
十七泊新店距晃州數里
十八午刻至龍溪口人烟凑集亦爲臨河一鎮市又行三十里爲界牌塘入貴州界夜泊富機江貞節坊前
十九泊洪崖塘

二十巳刻過玉屏縣東有筆架山稍前有方石削立河右似畫中雲林皴法層層堆積狀若書帙上峙華表額曰萬卷書岩西有擬翠亭架于山巔夜泊石坵塘

過玉屏後始見兩岸水車純用小竹編成更覺輕巧

念一泊清溪縣對河有萬壽宫、

念二過雞鳴關〻在山腰爲陸行大道日来河勢紆曲灘多水涸舟行淺流中子石與艎板相軋聲刺〻不休夜泊棉花渓

念三午刻過大王灘水淺石多頗費人力淮南凌泰交大王廟題聯云

九

到岸猛回頭聽潕陽第一灘聲浪與篙
爭好伏神威資利濟順流須努力看楚水萬重山色峯隨舵
轉全憑忠信涉波濤

夜孤舟泊荒岸距府十餘里

不寐

萬籟寂無響遠聞流水聲欲寐苦不寐
輾轉無限情思應有時窮起坐挑殘檠
暗風窓隙入搖搖一灯明

念四巳刻至鎮遠府廨四排街天后宮對

門曾德裕棧午後至府縣兩署試院萬
壽宮中元洞遊又到城隍廟看戲係土
著數人扮演俚語村言極可發笑居人
名曰洋戲
鎮遠府居萬山之中峯巒聳拔依山為城
城分兩岸中架石橋七洞上峙華表額

曰萬里車書橋南為衛城橋北為府城
文武署亦分城而駐水路上阻諸葛洞
碩石為梗土人用小舟運貨物牽挽而
過亦只可達黄平州
陳子重滇行紀游云諸葛洞相傳武候
征蠻鑿開運粮者然非洞也乃兩山徒
夾一溪後為大水衝兩岸巨石梗塞中
流舟楫難行明黔撫郭子章開通舟民

稱便焉旋復塞　國朝制軍卞三元復
濬通今復巨石壅斷即如葉漁舠不能
行矣諺曰若要此洞開除非諸葛来豈
其然歟
中元洞在橋之南額曰入黔第一洞天内
祀大士巖外架一高亭其曲穴交穿較
靈鷲飛来峯尤覺玲瓏剔透也西行數
武為青龍洞曲折不及中元而隆聳過

十一

之俯視府城烟火歷歷在目遥望對山
一徑逶迤而上云即文德關大道
念五檢點行裝并定夫立票另有夫行承
攬本棧不過廣客兼代辦轎擔等物無
他事也然銀兩均須交棧主人收亦須
伊至夫行定價行旅往往多費以此每處

發包封若干票上均註明銀亦代為封好

念六辰刻啟行出西門十里過文德關坡高里餘兩山陡夾至巔有閣東曰羅甸咽喉西曰滇黔鎖鑰雖不甚險實鑿開一綫之道也相傳奢香所開或曰沐公始闢又十里為相見坡ミ高千仞三重

迭起登首坡則尾見陟尾坡則首見立
中坡則首尾皆見相距不過數里而三
上三下循山曲折而行有三十里之遥
望城坡距施秉縣十里登其巔可以望城
故名南里許即諸葛洞施邑本偏橋衛
今移縣治治焉城外有石橋十三年為

大水衝今僅存數洞申刻到庽衡順店
逵同鄉宗人 枚署縣事因便晋謁情頗
殷殷堅留一宿晤三位少君其二少君
燠號敬修年僅弱冠尤覺温文可親晚
住存素書室
二更後大雷雨數陣是地出黃楊木梳

署中梅杏均已開殘椰亦青青可愛

念七辰刻啟行三十里至飛雲巖巖下有

溪石梁亘之度橋歷級而登仰窺覆如

華盖宛若萬疊雲頭隨風舒卷縱横數

丈餘下砌平石上供大士像蛟龍獅象

之屬分懸左右均石乳滴成者岩前石

峯聳立如屏有亭翼然計岩中石無一不似雲形其玲瓏剔透非數日不靜對不足以盡其勝洵天下之奇景也徘徊半晌幾留戀而不忍去左有飛泉一道如玉龍蜿蜒而下橋邊古刹爲月潭寺名題甚夥僅記忠勇公傅恒一額云巖

蹔大觀是日海蓮和尚導遊各勝酉刻
到黄平州屬徐復興店
黄平本衛即古牂牁郡今移州治治焉尚
有老黄平爲潕水發源處
飛雲岩
天造離奇鬪此峯玲瓏無語可形容飛
騰尚恐隨風去舒卷居然繭石從倒削
、鋒發壘疊：高懸鑿鑿積重：壘案有

此神靈跡欲訪仙人去住蹤
陳子重云岩下有洞深不可測或云達
鎮遠後山又云月潭寺中有王陽明先
生碑記

念八辰初啟行三十里至重安江有石城江濶數丈深不可測樹栈于兩岸中貫以索循索曳舟而渡古名牂牁郡以此渡江後過老君坡坡平長約里許申初到

大風洞　廣曾永興店

大風洞又名雲溪洞道書所謂時蒼洞天距廣店半里洞深濶約數丈有清泉從洞中流出凉風蕭瑟水聲潺湲殊竦人肌骨旁有小洞然薪秉燭始可入聞有蒼龍白虎石鍾石鼓等勝後門在楊老

西與平越接壤深盖二三十里矣由洞口左轉歷磴而升至半有洞形如覆釜從洞中至岩上亭眺覽半時

念九辰刻啟行重至大風洞一遊十五里過清平縣未刻至楊老驛有石城廓李三元店夜雨日來天陰頗有冷意

夜郎祠即漢夜郎侯以竹爲姓三月間香
火極盛今名其祠曰竹王祠
二月朔日辰初啟行路滑微雨三十里過
葛鏡橋長三洞高十餘丈四山環遶壁
立千仞中東一水名麻哈江深碧色橋
邊岩上鐫三字曰響琴峽蓋上流水從

峽出潺湲不絶相傳昔皆懸絙以渡沉溺者衆明嘉靖時里人葛鏡建橋以濟再建再圮乃率妻子刑牲以誓曰橋之不成有如此江遂破產經營成之至今賴焉又廿五里酉刻至黄絲驛處倓明發店是日頗冷遠望高山有雪

十七

過施東後沿途均用煤火氣頗難聞
店家菜蔬頗新鮮可口味大似黔兒菜
初二辰刻行路滑五十里未刻至貴定縣
人烟頗密市肆亦寬廣西門內陳姓店
是日天氣陰晴無常片雲過則洒雨數
點午後飄霰一陣到店後又復天晴日
朗夫頗冷主人尚圍爐
初三辰初啟行十里五里牟珠洞又五里

過甕城橋橋長三洞又四十里申刻至
龍里縣屬徐三元店
牟珠洞又名憑虛洞洞門如闕闕前一石
筍憑空峙立四面玲瓏宛似萬竿脩竹
上立大士像石頂開一洞天日光斜逗
明朗可觀右轉數武則須秉炬以游矣

有千重塔七重塔各一座其層級可歷
數也鐘石與木魚石相聯叩之一爲金
聲一爲木聲迥然各異羅漢十八尊或
坐或臥神情無不逼肖歷磴數級有小
洞屈身盤旋始可入寺僅僧導游僅至
此予不能舍因自持炬蛇行而進數步

後復寬敞石色如白玉以火照之金星燦爛地下石骨均作盤螭形四面嵌空玲瓏使人應接不暇再進十餘步尚有一小洞可入匆匆不得一窮其奥然悵然久之晚次旅寓彷彿勝遊紀其大畧如此要其空靈處天造地設目覩尚覺

十九

迷離恍惚非筆墨所能形容萬一也
初四辰初啟行廿五里谷脚塘是地房屋
以石片代瓦石塊爲墻遠望亦頗别致
卅五里圖寧關有可憩亭再五里爲會
城廣清威門周永成店
貴州省明初設宣慰司隆慶中改貴陽府

設黔省總為通滇計故滇南重地實取道于黔中一綫惟百粤與滇接壤或由霑益或由廣南俱可直達昆明

貴省城長約十里街道宏敞市肆整齊不減江右楚南等省西門外聯城相傳為老城予到時適打醮出會見擡閣三架

廿

亦頗可觀
城門有關　土產雄精器皿描漆皮匣
遵義綢等件
初五辰刻進城至撫署前一遊巳刻行卅
五里狗塲塘屬劉天成店
黔省以西山皆箇箇自生不相聯絡且石
骨巉巖童然不毛田皆石底上惟尺土

秋収後種雜粮者殊少
阿江哨以上左右高山内盡為苗穴約三十餘種大約垂髻垢面衣長領衣以髮盤額前予只見青花二種青苗週身衣青花苗以花布裹頭足富者即貫一銀圈于項苗婦以筒布為裙長僅齊膝而

褶疊之多不啻百襉

初六辰刻行廿五里清鎮縣城内有兩尖峯突起上各有廟三月間遊人極盛 三十五里申刻至蘆荻塘

寓滎禄店

是站路平里數亦較長陰晴住店後風雨一陣

初七辰初啟行廿七里過安平縣卅里未

刻至石板房庽王長春店

過蘆荻塘山皆平地突起或如鐘鏞特竪

或如鎗槊矗天或如烽墩孤立無復瞻

顧依廻之狀

初八辰初啟行路平五十里午末至安順

府庽十字街貴閣官店到儒林街提督

署鍾鼓樓閒遊并登東門城眺覽片時
安府順府城園九里闤市宮室均宏敞民
居亦稠昔嘗議立為省會以秤土較貴
陽輕故但移提督駐此城門有關自清
鎮抵滇界十三驛俱為所轄乃黔西孔
道也

道旁杏花盛開菜花亦多然梗小枝稀殊不及江南一畦之中間以豆花覺五色錯雜頗可觀

初九辰初行路平六十里申刻至鎮寧州寓福星店夜大雨

過馬場塘後左右山宛如砌石而成厚只

數寸而自踵至頂無稍參差故是處房
屋以石片為瓦者多
初十小雪路滑未行至州署城隍廟遊是
日恰逢市會州人謂之街期菜蔬粮食
居多錢計輕重不計大小入市者各持
一戥錙銖較量苗婦種類不一有梳辮

者有擁髻者皆衣花衣赤足而行亦各以生菜貿于市
十一辰刻行坡多尚平廿五里白水舖又卅八里申刻至坡貢寓萬福来店居室宏敞且開窓面山眺覽最佳
白水鋪有石橋五洞額曰白虹橋水自東

北高山峯半流下瀑布如簾倒瀉石壁至橋已飄三四折矣過橋數十武懸崖數仞寬丈餘仞水從峭壁下注緑潭白練千條噴珠卷雪水氣如霧漬濺飛洒百餘步真大觀也相傳潭内有犀風清月皎之時往往出遊其龍湫掛處有水

簾洞隔岸有碑曰雪練晴川亭曰望水

最好憑眺

由白水至亦資孔分兩道一由永寧安南

普安等治所經有關索嶺象鼻嶺錢索

橋白雲坡雲南坡險峻難行其一則所

行坡貢之路也康熙初老鷹岩等處諸

苗爲梗行旅不通今則爲滇黔孔道由
永寧者尠矣
十二辰初行坡多六十里未刻至郎岱有
城安順分府駐此廨西門外謝雲集店
沿途村户春聯頗多佳句記二聯云莫
放春秋佳日去最宜風雨故人来
學于古訓乃有獲　樂夫天命復奚求

過鎮寧後山川又一變矣山高萬仞蟬聯不斷遥望尖峯如槊如筍者連亘插天十三辰初行十三里打鉄關即上坡高里餘路甚崎嶇十里拉帮坡塘對望拉當坡烽堠相離不過咫尺而過一峽渡一橋均循山曲折而行故有十五里之遥

又十里茅口屬永寧未刻到厲恒豐店
茅口以西市物純用青錢黃銅者謂之毛
錢雖大不用也
十四辰初行半里過西林渡以鄂文端公
始設船故名是站坡多輿人云廿四箇
毛谷箐言自茅口至花貢一上一下有

廿四處耳未初到廣范三義店

西林渡口有老樹一株大可合抱長幾参

天是時恰開紅花大如玉簪顏色絢爛

極可愛土人名曰扳樹花

十五天明啟行廿里登老鷹岩高約十里

盤折而上為黔道第一險峻之山過後

卅里重坡疊嶺亦復攀陟維艱未刻到
磧子窪廣瑞府文店夜月明如畫辭家
已見四回圓矣憶東坡不應有恨何事
常向别時圓之句為之憮然
陡絶老鷹岩憑空石棧嵌萬山環突兀
一綫走巉嵒峯聳奇如削天低碧欲劍
臨高還叱叙一樣志非凡

十六日出啟行廿五里過庚戌橋橋三洞鄂文端公建公自康熙丙午用兵勦苗至庚戌功成因名橋南即南車坡高里餘又廿里至楊松鷹金恩榮店過老鷹岩後天色晴明極其和暖風則排山倒嶽聲如雷吼輿人云雲南風來矣

路入滇黔摠不平一峯未盡一峯橫山
從對面嵯峨起人向高頭屈曲行為奉
晨昏馳遠道敢將辛苦怨長征旅遊賴
有春消遣雜樹花多不識名
鎮遠以上旅舍宏敞器物精潔過楊松後
遠不及矣入滇界六站均在樓上居宿
亦頗寬
十七日出啟行卅五里劉口汎有關廿里

未初至大山凹塘寓時聯升店

不寐

輾轉難成寐淒涼燭已灰萬千心上事
偏向此時来
關心須起早愈覺臥難安明月床前照
無聊幾度看

沿途雜花生樹半不知名大約桃杏之
屬居多千紅萬紫頗可娛目

十八日出啟行五十里亦資孔有城有驛

興義縣巡檢駐此午刻到廌蕭榮升店

十九辰刻行廿五里平彝卡前朝平彝地

今屬普安州十里勝景塘為滇黔交界

所路南有石虬亭聯曰吾愛此石亭下民喜有亭

石骨嶙峋如盤龍然對門即伏魔大帝

廟也再上數武有鄂文端公功德坊額曰德業宏峻時值重修尚未告成又十里玉真觀亦有一坊東曰紫氣東來南曰彩雲南現五里平彝縣屬撫州黃店

自鎮遠登陸廿里二日入滇界陰晴之日居多諺云天無三日晴言三日內必有

數番雨以潤之非終日淅瀝不止也
自平彝至省均係泥途居民可用牛車載
物来往山亦平遠無復嶔崎歷落之狀
又多鷓鴣諸禽鳴聲上下客懷為之一
暢

二十辰刻行三里至清溪洞一遊洞修廣

如飛雲岩而玲瓏處遠不及矣洞中有
洞額曰慧炬光照廟祝秉燭導遊進十
餘步甚宏敞舉火四照空空如也再進
有鐘鼓石叩之彷彿相似石壁爲烟煤
所薰黑如漆覺無甚可遊又五十里未
刻至白水站厲蕭店其舖家之婦當壚

招客較山東荏平腰站爲尤甚
念一日初出行卅五里海子哨過小坡後
雜樹生花緑楊夾道平疇萬頃中荳花
菜花五色相錯大似江南風景又十里
雩益州以兩水相交故舊名交水午刻
到廌後街二公館官店其爲桑間濮上

猶白水站也

和壁間詩元韻

平疇萬頃古盤州回首江南動客愁風景宛然花似錦曉程無奈月如鈎慣經春色誰擡眼懶聽嬌歌但點頭爲悟當壚諸少婦長途已敝黑貂裘

念二日初出行七十三里未末至馬龍州寓址門外劉福盛店

念三天明啟行六十三里過凉漿哨塘後道旁有觀音院聯額為乾隆初年江南宗人（先曾叔祖）名世續（公任知州時）題聯云劃（儘）可適過忙什麼得坐且坐何須煩燥渴急了有茶吃茶額曰冷然善也又十里關嶺塘坡高半里又五里申刻至易隆汎廳

豫章唐店

關嶺又名小關索嶺史書亮盟南人于木密即此道旁有會盟碑有老柏一株大十數圍半生半枯枝葉蒼古四圍以石碣曰武侯手植坡項嶺有廟三層送上前祀順忠王殿兩旁有銅馬二去相傳是唐時物中祀伏魔大帝有鐵刀二各重

百餘斤後祀武侯頌曰凌霄萬古又曰三代後第一人聯云一心一德悲五丈之秋風碧草黃鸝浩歌傳錦官城外七縱七擒靖三江之滂雨綸巾羽扇遺範留關嶺廟中登巔一望羣山可俯而視也

世相傳順忠王為前將軍第三子名索從丞相南征為先鋒多建奇功土人祀之水火災厲禱之輒應故血食千古今瞻其像英氣奕奕廿許少年也然考三

金聖嘆批本三國志第八十七回丞相南征時關索投見云自荊州失陷逃難在鮑家庄養病今欲赴川恰好途遇大軍丞相即令為前部先鋒

國志前軍將祇有二子無第三子名索者且不知何代勅封義勇英武威烈感應順忠王許鶴沙以爲即次子關興有關嶺索考存永寧州廟

念四日初出行廿里河口屬雲南府卅里大山塘見一水汪洋千頃聚而不流土人名曰海子隔岸即嵩明州十里土主山塘過小坡循平田行十里爲楊林未

卅五

刻到厲洪發店
楊林屬嵩明州有驛井陌成行人烟湊集
到觀音寺一遊
念五日初出行五十五里過觀音塘道旁
有廟額曰東橋勝景又五里板橋楊升
菴詩云還如謝眺宣城路南浦新林向板橋即此處也未

刻到鷹聯升朱店
念六辰刻啟行十里高坡塘有石橋三洞
鎮以銅牛路旁有豐樂亭殿中塑關聖
騎赤兎馬像廿里興福塘有江南會館
興福寺沿途栢樹成林蒼翠可愛繡壤
相錯亦極平敞十里爲省城寓南較場

高升店薄暮閒步較場看放風箏大小數十隨風飄舞亦是一景

滇黔路雖崎嶇然較北上車行反暢適者有四美焉一日出始行不必受夜半風霜二重疊巒嶂步步引人入勝三肩輿平穩可以詩書解悶四無塵沙撲面平奥

以上發大風時或有之沿途房租之賤飰米之佳猶餘事耳予行山東道每日尖宿須三四百文至此可供二三日用也輿夫廿名以上即有一夫頭照管包封均夫行封固棧站而發較車夫亦易處置

入滇界後無日不風亦無日不晴風則走

石飛沙空中唏呟之聲不絶然至辰後始起且日從西南方来殊不可解花木五色爛漫樹亦葱蘢惟草則黄枯如故問之土人云五月得雨始生然花獨不須雨耶是又不可解也

滇黔鄉談大半官音江右等省尚多言語

不通處滇地房舍家〻有樓墻垣俱用土也寧府志云覆屋瓲瓦因滇地風高明初奉勅特用通省為然塼瓦用圓筒者破而為兩以石灰研之防風揭也

南關外有金馬碧雞兩坊極其高聳乃百貨滙聚人烟輳集之所新市街宛如京

卅八

庭聞錄云康熙廿年二月貝子章泰營歸化寺三面皆金馬山西比碧雞山寺左右石虎岡城北蛇山皆我師壁壘又云十月廿二日趙良棟攻得勝橋蔡毓榮攻大東門林興珠攻草海賴塔攻姜浦四面逼城廿八日賊將開門降

都荷包卷三府署前則為貨玉器者之所集也是時尚有雪賣以和蜜糖人多食之

萬壽宮距南城里許乃江西全省會館殊巨麗

滇省土酒名曰仿紹味稍遜紹酒

念七進南門額曰嚮正至督撫署及城隍廟等處遊城隍神爲于忠肅公額曰赤手擎天聯云也先壯遁天順南還千古功勳如在石亨叛誅徐珵竄死兩人富貴何爲

府治前爲古萊海今有海心亭亭前綠水淪漪遊魚成隊四圍種以芰荷花開時

遊人不絕制府伊莘農額曰濠梁間想聯惟猛摩爨令黃奎光所題句極瀟洒可誦聯曰有亭翼然占綠水十分之一何時閒了與明月對飲而三壁上嵌大理石五中央石修廣兩尺餘曰雪浪左右四石稍小曰春江飲綠夏嶺鬱雲松林疎雨寒嶠清霜皆前制府

阮芸臺題用八分書分鐫石上東有蓮
笑樓憑眺亦佳
螺峰在城東北隅又名盤坤岩倚山建圓
通寺由寺進採芝徑登其巔可窮千里
目也名題甚多俱鐫崖石上
五華山居會城之中爲全郡風脉所關上

建萬壽亭左憫忠寺右武侯祠王楚堂先生一聯頗自然曰興亡天定三分局今古人思五丈原俯視烟火萬家歷歷在目城外滇海亦覺汪洋萬頃也

省城自天開雲瑞坊以南街道宏敞市肆整齊富庶有江浙風東西壯三城遠不

及矣
三月朔日巳刻啟行四十五里未刻到呈
貢縣寓中街聯升店
呈貢城內四圍栢樹成林登城西望綠野
平鋪滇海亦覺汪洋一片
呈貢道中
攀援萬重山忽然走平壤如鳥出籠中

振翮心頓爽舉頭天地寬放眼山湖蕩
参田萬頃綠栢樹千章蒼道旁木香花
含苞爭欲放未免聞香風時觸故園想

初二辰初行六十里未刻至晉寧州寓福
照店

初三辰刻行三十里午刻至火燒舖寓聯
升店

自玉山遇張君韶臺後馳驅四月無可與言者再疊前韻寄懷

寂寞長途誰可語令人却憶遇君時論交何幸情如故作客無聊味共知君有以馳驅為客味之句岐路相逢終是別歸程雖遠尚嫌遲君歸心如箭到章江時倍道而進欣君此日家居適記否章江各贈詩

初四卯刻啟行廿里剌桐關有小坡四十里玉溪橋橋七洞圍以朱欄上蓋板屋

相類圖中船亭五里新興州屬澂江府
未刻到廣西門領興曰祺高升店
滇省地高土燥故三冬不寒然何以盛夏
不暑盖大風一發則熱氣盡散是日風
小遂覺烈日逼人諺云風伯好滇想亦
彼蒼愛人之至故日遣風以驅瘴癘耳

不寐

已覺光陰似逝波人生誰唱百年歌那

堪僕僕風塵裏孤負晨昏五月多

初五日出啟行六十里申刻至普義縣廣

泰興店

初六辰初行四十里午刻至老鲁關坡頂

廣黄店

省以南四站平洋大道頗暢心懐過砦義後則羣峰環繞曲徑透迤矣初七卯正啟行六十里申初至雙龍橋宿老魯關坡高數里路甚崎嶇過後即在山腰上行偷目俯視慓然恐墜廿里大地坡塘俗名新塘坊以道光初年始設下坡平路一里復

上坡山路四十里至雙龍橋有石橋二洞乾隆七年武德將軍謝光宗草書三字青石鑿成縱横數尺列橋頭覆之以亭是路本係小道逢州縣治居民尚稠否則終日不見人家行人絶少即宿處亦不過夷民數户生長富庶之鄉来益

四四

僻壤未免自憐
初八卯刻行山路四十里下坡平路十里
至新平縣無城屬元江州午刻到厲萬
寶棧是地土房居多房上亦用土築平
以當晒場居民名曰土庫屋
初五九卯刻行五里即上坡斜盤百曲道

澗數尺只容一人一騎且怪石當路或高或下稍一失足如轉圓石於千仞之上俯視茫茫心目俱眩計六十里下坡回望高峯插天崎嶇險惡尚覺心怖下坡十里仍在山上行路稍平酉刻始到海外廣夏店

初十卯初行披稍低路亦稍平五十里至

萬枝地宿

山行

前不見去路山勢若遮闌路後不見来
路突兀萬峯攢中有一條逕屈曲如蛇
盤窮日閱險阻嗟哉行路難
左倚萬仞山右臨千丈壁俯視樹森森
平看峯歷歷天似有階升石還將路塞
既下旋復上欲南反向北鳥道三千重
費盡躋攀力

峯脚縱横舖巒頭歷亂起山隱雲霧中
人行烟瘴裏狂風吹磷沙目迷不能視
忽然見人家相離尺有咫欲息暫時肩
未到心先喜誰知紆曲行尚有十數里
平生志跌宕頗愛名山遊到此心惕惕
常懷恐墜憂攀援時已久艱嶮夢亦愁
何時履平地一笑役車休

十一黎明啟行即下坡計三十里至戞賽
壩渡河是處為烟瘴地極熱此時業已

四六

插秧行旅者必須早過平路一里上坡嶢岩峭壁層累而上計三十里極陡峻難行酉刻至大水溝宿仰視霄漢相離咫尺可謂穹窿之極與人云尚在山之半也

清明

不將佳節問清明生恐鄉愁動客情可

奈家〻插楊柳撩人還有子規聲滇人亦如插柳

記曾冬節滯江邊又是光陰百五天依舊長途耽寂寞綠楊空舞曉風前

十二日初出行路如之字百折千盤而上計三十里至巔身雖履地自覺憑虛而行過後崇坡峻坂委曲如相見坡輿人云卅二丁馬鞍橋廿四丁毛谷箐雖無此數

頗覺升降不已計廿里下坡十里山神
廟又十里酉初至轉馬洛宿
四更時大風雷雨聲如千軍萬馬往来騄馳
十三卯刻行下坡十里又聯登三坡計廿
里過後或上或下仍復崎嶇難行四十
里薄暮始到者東宿

自戞寨壩上坡至轉馬洛下坡共百里兩日始盡総名哀牢山古哀牢夷地俗名恩樂坡林深箐密居民窵遠路途艱險之至以正月曾失課銀新設卡房四處上下坡無論轎不能乘即步行亦須人扶宿處不過數家菜腐俱稀誤聽人言

四八

行兹險道既自悔復自嘆也
十四黎明啟行坡高且多六十里未刻至
中坡塘距恩樂卅五里以輿夫難行只
得即宿破屋一間四無居人店主家尚
離十數武行路至此危乎艱矣夜看對
山火燒如一條火龍蜿蜒而上亦殊可

觀

嵋峨以南高山無主樹木自生自長極其

稠密彝人每俟乾燥時舉火盡焚雖有

棟梁之材不惜也

宿中坡塘

三間茅屋景蕭然絕少居鄰住兩邊縱

使閉門難禦盜欲求安堵但憑天主人

有室離偏遠行客挑灯怯不眠腸斷一

四九

聲山鬼嘯驚人䰟梦夜如年

十五卯刻行上下坡計卅五里日攀援于

重岩疊壑之中極覺踣困煩𩫖厭午刻

至恩樂縣過木橋二六洞長百餘步覆

以瓦屋平路一里又山路四十里薄暮

至附鄉宿距蠻舊塘三里

老魯關有兩路一至普洱府一至新平縣由新平六站至恩樂縣與迤西大道合十六早雨辰刻行山路三十里午刻至太平村大雨數陣復晴輿夫以路滑不行只得宿居民李家計到署又遲一日矣凡事不能自料大率類此

五十

雨阻有懷

屈指行藤欲解時征車暫駐尚嫣遲無端更遇傾雨盆翻誤相逢一日期

清明已覺客心悽況復泥途滑馬蹄料是風塵緣未盡歸人還有五更鷄

長途風雨原難料兩日行程想易過意外勾留雖一夜離愁翻比五旬多陸行五十餘日

客館寒灯夜寂寥思量何計度今宵倚閭已誤多時立望斷行人又一朝

十七卯刻行坡低路坦十里汾水嶺廿里

石頭塘遇雨一陣復晴卅里未刻至鎮
沅州宿東門外　關帝廟左廂
十八卯刻行過兩重高坡路尚平計廿里
又廿里未刻至抱母井戚遠撫彝府署
到署記喜
征裘卸罷此身輕一笑公然萬里行千古
河山尋勝迹半年跋涉感浮生晨昏久
隔傷離別骨月相逢見性情可惜官遊

太遼遠全家未敢賦長征
三年悵望白雲端一旦相逢心乍寬不
暇從頭愬別緒先將傳語報平安親顏
頓覺精神健遊子渾忘道路難從此舉
堂春日永晨馨夕潔好承歡

自湖南沅江逆流而上灘高石峻至鎮遠
水勢已如建瓴由鎮遠至滇陽所過萬
山皆高險斗峻之坡自下而上間有下

坡較之上坡不及二三則滇之高于中
州不知相去幾千里也按江南北極出
地卅二度雲南北極出地廿四度
鎮遠至滇陸行三十餘日雖山路崎嶇無
稍勞頓意自滇至抱十餘日誤行小道
其幽昧險隘不勝艱苦之至念楚辭提

徑窘步之語能無憮然

余於己丑由蕪湖赴豫覲省壬辰隨侍入
都是年秋由東昌運河回皖甲午又由
王營陸行赴上乙未南旋取道與甲午
同所歷江浙吳越及齊魯燕豫之邦山
川名勝人物風土在在可紀而意瀾才

踈未遑思及每當閒居暇適之時憶向所閱歷如過眼煙雲爲之三嘆今由淅蘭赴滇計程萬里跋涉百三十餘日長途寂寞借翰墨爲消遣亦聊以存雪泥之迹語云讀萬卷書行萬里路予滋愧矣

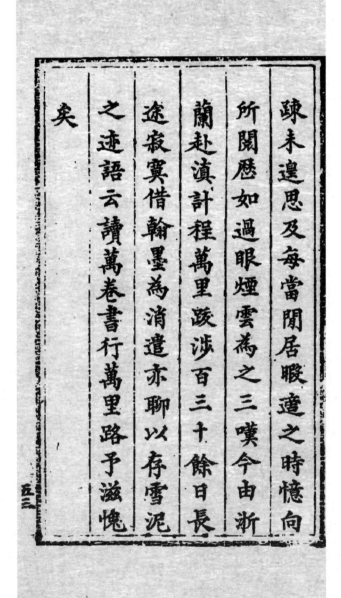

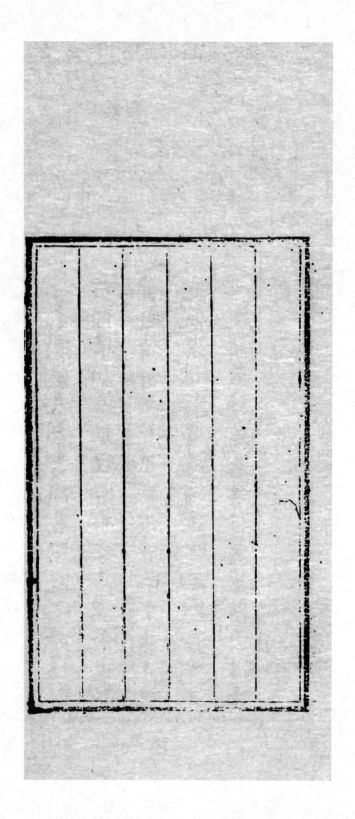

抱泉紀畧

抱母井屬迤南普洱府環抱皆山曰龍鳳
龜鱗一水中流曰抱泉漢夷雜處約千
餘户皆恃鹽井以生井有井四抱母其
總名也
官廨居鳳山脚本鹽廳署近以鹽務殷繁

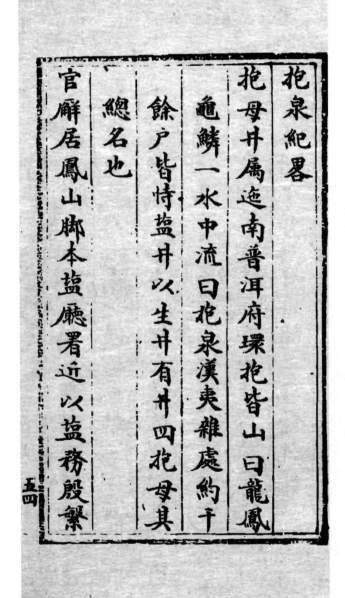

邊疆緊要改改威遠同知駐此兼抱香
二井鹽政乃滇南之邊缺也轄三土官
均千總職一知事一經歷未立學附入
府學二名
威遠本土州地雍正二年改土歸流相傳
鹽井闢于有明日出滷二百餘桃可煎

雲南通志載古爐在佑聖宮鑄
于
國初年間鏡口磨腹兩耳
三足斑痕烱爛底有隙時滴瓊
漿人取以療目疾多効

盐六千餘塊々重三兩零居民以竈户
為業收賣則官司具司事
鳳山之巔有元龍寺々第二層供
漢壽亭侯案前有香爐一座長尺餘形如
鼎爐底時有水點滴而下晴雨皆然香
火盛時則更多寺僧承之以杯以治眼

五五

疾殊効亦一奇也

天氣自八月至三月和煖如春交四月節

即溽暑蒸人時覺遍身汗濕貪凉又易

受寒故數月内眠食均不愜意

石榴二三月即開花茉莉自三月開至八

月始謝色香俱似閩種佛桑花俗名大

紅袍木本無香四時皆花

桃李柿栗木瓜蒲桃等均如家鄉王瓜豆

莢等菜正二月即采供蔬饌莧菜自二

月食起至八月笋如家中春笋五月後

始可食

滇黔人頸間多患癭以山險水毒故也淮

南子曰險阻之氣多瘿其信然歟
中元夜居民於山路上挨次插灯相間尺
許曲遝逶迤灯光閃灼亦殊有致
土産除鹽外别無他物粮蔬均仰給他鄉
予于戊戌三月到署九月以鹽務滯銷赴
雲州設店琴堂定省僅七月耳已二月